„Es ist gut zu wissen, dass man eigentlich alles machen kann. Man muss nur damit anfangen."

(Julie Deane, Gründerin der Cambridge Satchel Company)

Dorothea Kress

Ich kann auch *anders*

STARTER-KIT FÜR DEN NEUBEGINN

*Bibliografische Information der Deutschen Nationalbibliothek:
Die Deutsche Nationalbibliothek verzeichnet diese Publikation in der Deutschen Nationalbibliografie; detaillierte bibliografische Daten sind im Internet über http://dnb.dnb.de abrufbar.*

1. Auflage

© 2015 Dorothea Kress, Berlin. Alle Rechte vorbehalten.

Illustration: Dorothea Kress
Umschlaggestaltung: Dorothea Kress mit www.canva.com

Herstellung und Verlag: BoD – Books on Demand, Norderstedt

ISBN: 9783734783883

Dieses Werk einschließlich aller seiner Teile ist urheberrechtlich geschützt. Jede Verwertung außerhalb der engen Grenzen des Urhebergesetzes ist ohne Zustimmung der Autorin unzulässig und strafbar. Dies gilt insbesondere für Vervielfältigungen, Übersetzungen und die Verarbeitung in elektronischen Systemen.

INHALTSVERZEICHNIS

EINFÜHRUNG...7
   Für wen ist dieses Buch?..9
ABENTEUER NEUBEGINN...11
   Sich neu erfinden..11
   Erbe aus einer alten Welt..13
KONZEPT..14
   2 Ebenen der Transformation..................................15
   Situationen als Ausgangspunkt...............................18
   Praktische Werkzeuge..18
KAPITEL 1 CHECKPOINT CHANGE...................................21
   Vision..25
   Grenzwächter..26
   Auswertung...27
   Anders 1: Entschiedenheit.......................................30
KAPITEL 2 MACHT..35
   Machtvoll..39
   Auswertung...41
   Machtzuschreibung..44
   Anders 2: Selbstwirksamkeit....................................45

- KAPITEL 3 MOTIVATION......47
  - Auswertung......54
  - Anders 3: Sinn......60
- KAPITEL 4 KOHÄRENZ......63
  - Archetypen......68
  - Integration......69
  - Auswertung......71
  - Exkurs: The Work......76
  - Anders 4: Innere Stimmigkeit......78
- KAPITEL 5 FOKUS......81
  - Im Scheinwerferlicht......82
  - Auswertung......85
  - Anders 5: Klare Ausrichtung......87
  - Schlusswort......89
- LITERATURLISTE......91
- KONZEPT DER NEW LIFE TOOLS......93
  - Die Autorin......95

EINFÜHRUNG

Die eigene Unzufriedenheit steigert sich. Etwas läuft ins Leere läuft. Ein plötzliches Ereignis erschüttert den Lauf der Dinge. Es entsteht der Wunsch nach einem Neubeginn.

Liebe Leserinnen und Leser, wahrscheinlich kennen Sie den Impuls, dem Leben eine andere Richtung zu geben. Und vielleicht ergeht es Ihnen wie vielen anderen – Sie kommen nicht über die guten Vorsätze hinaus. Sie landen früher oder später wieder am Ausgangspunkt.

Wie kann ein Aufbruch gelingen? Wie lässt man das Gewohnte hinter sich? Wie bringt man sein Leben tatsächlich auf eine neue Spur?

Um es gleich vorweg zu verraten: Es gibt keine fertigen Rezepte von der Stange. Erfolgreiche Veränderung hat auch nichts mit angeborenen Charaktereigenschaften eines Menschen zu tun. Sie ist das Resultat von Gedanken und Taten. Entscheidend dafür ist, die richtigen Schritte einzuleiten. Erfolgreiche Menschen denken, fühlen und handeln *anders* als weniger Erfolgsgekrönte.

Dieses Buch zeigt Ihnen Wege zum Durchstarten als lernbare Methoden. Für einen Richtungswechsel brauchen Sie eine innere Weichenstellung. Sie müssen nicht gleich ein ganz neuer Mensch werden. Es reicht, ein paar mentale Schalter umzulegen und sich mit nützlichen Sicht-, Denk- und Verhaltensweisen vertraut zu machen.

In den folgenden Kapiteln beschäftigen Sie sich mit fünf Schlüssel-Faktoren für einen Neubeginn. Sie starten in jedem Kapitel mit Übungen zur Selbstreflexion und Selbsterkenntnis. Mit genauen Anleitungen zur Auswertung können Sie rasch entdecken, woran es hakt, wenn Sie nicht weiter kommen. Am Ende jedes Kapitels erhalten Sie ein *Anders*-Tool zum *Anders*-Denken und *Anders*-Handeln.

Obwohl das Buch viel komprimiertes Wissen enthält, stehen Ihre persönlichen Lernprozesse im Mittelpunkt. Die Methoden wurden sorgfältig erprobt und beruhen auf langjährigen Erfahrungen in Coaching und Beratung von Gründern, Jobwechslern und Menschen in Umbruchsituationen.

Für wen ist dieses Buch?

Dieses Buch ist geeignet für Sie, wenn Sie ...

- Ihr Leben auf neue Gleise bringen möchten,

- wirksame Veränderungen in Gang setzen wollen,

- bereit sind für einen Aufbruch.

UND wenn Sie merken, die Sache will nicht laufen. Kann sein, dass Sie ...

- noch an der Startrampe stehen,

- den Neubeginn immer wieder aufschieben,

- keinen richtigen Weg finden,

- und nach diversen Startversuchen frustriert sind.

Ein Hinweis vorab: Auch wenn im Buch aus Gründen der Vereinfachung nur die männliche Form der Anrede benutzt wird, sind selbstverständlich auch immer die Leserinnen mitgemeint.

Erläuterung zu den Abkürzungen:
UE – meint Übung

ABENTEUER NEUBEGINN

> *„Die Kunst ist, einmal häufiger wieder aufzustehen, als man umgeworfen wird."*
>
> (Winston Churchill)

Sich neu erfinden

Wohin man auch blickt, alte Konzepte greifen nicht mehr. Die Welt um uns verändert sich immer rascher. In der Arbeitswelt lösen sich feste Arrangements auf und neue Berufe entstehen. Auch in privaten Beziehungen lockern sich Bindungen und Zugehörigkeiten. Umsatteln auf etwas Neues ist angesagt. Dies erfordert große Flexibilität und Wandlungsfähigkeit von jedem Einzelnen. Wir sind immer wieder aufgefordert neu zu überlegen, wie es weitergehen soll.

Viele Menschen fangen an, mit unkonventionellen Formen des Arbeitens und Zusammenlebens zu experimentieren. Agilität ist das Stichwort. Gemeint ist die Bereitschaft offen zu denken sowie flexibel und aktiv in veränderten Lebenslagen zu agieren. Denn alles, was heute funktioniert, kann morgen schon veraltet sein. So gesehen ist das Leben eine permanente Baustelle.

Auf frischen Wind aus allen Richtungen sollten wir uns also innerlich einstellen. Die gute Nachricht lautet: Heute kann jeder Einzelne mehr eigene Vorstellungen verwirklichen als noch in den Epochen davor. Wir sind die erste Generation, der sich in großem Ausmaß Möglichkeiten für ein selbstbestimmtes und sinnerfülltes Leben eröffnen.

Doch wie gut sind wir darauf vorbereitet? Unsere Vorfahren aus der Generation des Wiederaufbaues lebten noch in relativ festen Strukturen. Sie glaubten an ständig steigenden Wohlstand, Wirtschaftswachstum und Sicherheit. Die Illusion von Kontinuität und Stabilität haben die meisten Menschen wohl inzwischen abgelegt.

Vor allem die Befähigung immer wieder neu anzufangen, wird zukünftige Gewinner von Verlierern trennen. Und damit unterscheiden wir uns von den Generationen davor. Wenn Sie dieses Buch lesen, dann gehören Sie vermutlich zu diesen Menschen, die den Mut haben, Altes hinter sich zu lassen und etwas Neues zu wagen. Vielleicht verspüren Sie sogar den Wunsch, die Welt ein Stück weit zu verändern.

Erbe aus einer alten Welt

Der Umgang mit Chancen und Unsicherheiten erfordert neue Qualifikationen. Aktuell hinkt unser Schul- und Bildungssystem dem gesellschaftlichen Wandel hinterher. Es gibt noch viel zu lernen und nur allzu oft werden wir mit alten Denkweisen konfrontiert.

Uns ist die Tragweite von Denkgewohnheiten manchmal gar nicht bewusst. Auf einer un- oder unterbewussten Ebene haben wir noch Glaubensmuster unserer Vorfahren verinnerlicht. Diese stammen aus einer hierarchischen und autoritären Welt, in der kulturelle Muster der Anpassung und ein enges Korsett aus Moral dominierten. Noch bis ins letzte Jahrhundert hinein prägten starre Arbeitsteilung, Einordnung des Einzelnen in eine Produktionsmaschinerie, Normierung und Regelung aller Lebensbereiche unsere Gesellschaft.

In alten Zeiten galt Individualität als nicht erwünscht. Man wurde in eine bestimmte Familie und Tradition hineingeboren und hatte einen festen Platz in einer Gemeinschaft. In diesen strengen Überlebensgemeinschaften war der Einzelne sicher, aber unfrei. Eigen-sinniges Verhalten konnte Menschen schnell zu Außenseitern machen. Wer überleben wollte, hatte sich den Regeln und Geboten unterzuordnen.

Aus diesen Beschränkungen und Abhängigkeiten müssen wir uns heute befreien, wenn wir uns auf den Weg machen, um eigene Wünsche, Talente und Neigungen zu verwirklichen. Stolpersteine und Hindernisse werden weniger aus Zwängen von außen als vielmehr von mentalen und emotionalen Mustern in uns selbst gebildet.

Wie man diese Hürden erkennen und überwinden kann, das möchte ich den Leserinnen und Lesern in diesem Buch zeigen.

KONZEPT

Veränderung und Neubeginn im Leben funktionieren selten nach Plan. Zum einen ist die Wirklichkeit komplexer und unvorhersehbarer als Planungsmethoden annehmen. Planung beruht immer auf einer Vereinfachung und Ausblendung von Aspekten. Zum anderen sind unsere eigenen Denk- und Verhaltensweisen der Dreh- und Angelpunkt bei lebensverändernden Maßnahmen.

Heute können wir unser Leben individuell gestalten, uns von alten Zwängen frei machen und uns eigene Ziele setzen. Aber nur wenn wir *anders* denken und *anders* handeln, werden wir *andere* Resultate erzielen. Wenn wir immer wieder nur das denken und machen, was wir immer schon getan haben, landen wir wieder da, wo wir nicht (mehr) sein wollen.

Lebenslauf nach Plan

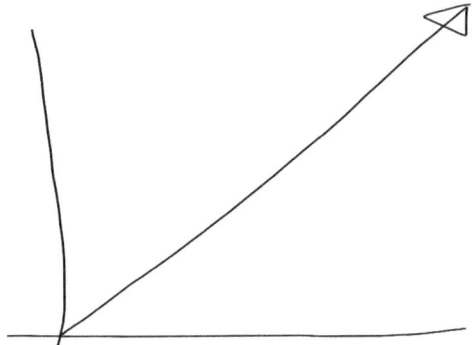

Nun ist es nicht so, dass man mit einem einmaligen Beschluss schon den Spurwechsel vollzogen hat. (Ausnahmen kann es natürlich geben.) Empirische Untersuchungen zeigen, wie persönlicher Wandel und berufliche Neu-Orientierung tatsächlich vor sich gehen. So hat Herminia Ibarra den Berufs- und Identitäts-Wechsel von vielen Menschen erforscht und dabei festgestellt, dass auf zwei Ebenen Lern- und Entwicklungsprozesse stattfinden (Ibarra, 2003).

Lebenslauf in Wirklichkeit

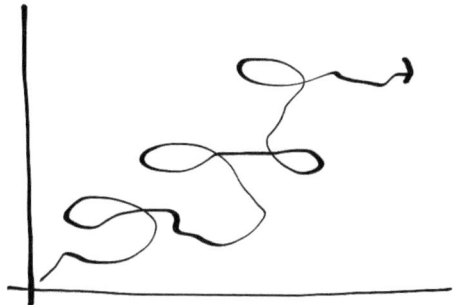

2 Ebenen der Transformation

Wenn wir uns selbst und unser Leben neu erschaffen, durchleben wir Veränderungen auf zwei Ebenen. Ebene 1 betrifft individuelle Lebenseinstellungen und Sichtweisen. Ebene 2 beschreibt Formen des ständigen Dazulernens und Neu-Adjustierens.

Ebene 1 – Entwicklung von neuen Denk- und Wahrnehmungsmustern

Auf dieser Ebene richten wir unsere inneren Koordinaten neu aus, wir verändern unsere Geisteshaltung, Denk- und Sichtweisen. Wir schaffen uns neue Überzeugungen und Orientierungen. Wir richten unsere Aufmerksamkeit auf andere Dinge. Es handelt sich um eine grundsätzliche Neuordnung in vielen Abstufungen und Schattierungen. In der kognitiven Verhaltenstherapie wird dieser Prozess „kognitive Umstrukturierung" genannt.

Betrachten Sie es mal so: Ihre Gedanken sind Blumensamen, die Sie anpflanzen. Es kann bei der Ernte nur das herauskommen, was Sie vorher in die Erde gesetzt haben. Setzen Sie die immer gleichen Samen (pflegen Sie die üblichen Gedanken), dann ernten Sie auch immer wieder das Gleiche. Wollen Sie andere Früchte einsammeln, dann sollten Sie sich für einen anderen Blumensamen (andere Gedankensamen) entscheiden.

Größtes Hindernis sind eigene un(ter)bewusste Vor-Einstellungen. In der Sprache des Informationszeitalters formuliert: Man scheitert oftmals an fix installierten Programmen auf der mentalen Festplatte. Im Alltag sind uns diese persönlichen Wiederholungs-Programme nicht unbedingt bewusst.

Ebene 2 - Erfahrungslernen

Der Grundsatz, „It is better to practice a little than talk a lot", bringt es auf den Punkt. Denn nur wer etwas tut, sammelt Erfahrungen. Doch das alleine reicht nicht. Es ist entscheidend, diese Erfahrungen in einer Feedback-Schleife zu verarbeiten und gegebenen-falls den eigenen Kurs zu modifizieren.

Im wirklichen Leben ist Veränderung ein offener Prozess und kein stures Umsetzen von fixen Plänen. Zuerst muss man wissen, wohin man will. Man braucht eine Vision bzw. eine klare Vorstellung über die Richtung oder das Ziel. Dann kann es hilfreich sein, Zwischenziele, Meilensteine und Umsetzungspläne zu entwickeln. Aber es ist auch notwendig, offen zu bleiben für neue Impulse auf dem Weg dorthin.

Übergänge in neue Lebensphasen verlaufen durch schrittweise Annäherung und in mehreren Zyklen. Wir absolvieren in der Regel mehrere Durchgänge. Wir lavieren hin und her zwischen verschiedenen Lebensentwürfen und Möglichkeiten. Nach und nach gewinnen wir neuen Boden unter unseren Füßen. Wir sortieren immer wieder aus, was wenig befriedigend ist.

Das, was am Ende einer Entdeckungs- und Entwicklungsreise herauskommt, ist mit ziemlicher Wahrscheinlichkeit etwas anderes als zu Beginn erwartet. Unterwegs können neue Optionen auf-tauchen, manches Plansoll kann sich als grobe Fehleinschätzung erweisen. Wie ein Sprichwort sagt: Es kommt meist anders als geplant.

Aber nur durch diese Erfahrungen wachsen und lernen wir. Erfahrungslernen heisst, etwas auszuprobieren und zu schauen, ob es funktioniert bzw. ob man damit erwünschte Ergebnisse erzielt. Ungeahnte Möglichkeiten entdecken wir, wenn wir aktiv werden, interessante Menschen kennen lernen, neue Rollen übernehmen.

In diesem Buch liegt der Schwerpunkt auf der ersten Ebene der Transformation. Wenn Sie Ihr Leben verändern wollen, sollten Sie sich trauen, neu und *anders* zu denken und zu handeln. Dafür ist es notwendig, dass Sie sich Ihrer eigenen Einstellungen und Haltungen bewusst werden.

Situationen als Ausgangspunkt

Die Übungen und Instrumente in diesem Buch setzen bei Ihrer individuellen Wahrnehmung und Interpretation des Geschehens an. Die Methode beruht auf einem Konzept, das in der kognitiven Verhaltenstherapie erfolgreich und wissenschaftlich gut abgesichert verwendet wird: dem ABC-Modell von Albert Ellis.

Das ABC-Modell beschreibt den Zusammenhang zwischen Situationen, Gedanken, Gefühlen und Verhaltensweisen recht einfach und klar. Wir sehen und erleben immer konkrete Situationen und machen dabei bestimmte Lebenserfahrungen.

A - B - C

A = Ausgangssituation, führt zur
B = Bewertung, diese hat
C = Konsequenzen für Gefühle und Verhalten.

Haupterkenntnis der kognitiven Verhaltenstherapie ist, dass nicht die Ausgangssituation bestimmt, wie man sich fühlt und verhält, sondern die eigene Bewertung und Interpretation der Situation. Das Gehirn arbeitet dabei als Wahrnehmungsfilter. Es selektiert Informationen nach individuellen Programmen, sprich: persönlichen Denkmustern. Deshalb kann ein- und dieselbe Situation von verschiedenen Menschen völlig verschieden wahrgenommen werden.

Praktische Werkzeuge

Die Methoden folgen dem Prinzip des selbst-entdeckenden Lernens. Selbst-entdeckendes Lernen heißt, dass Lernprozesse durch Selbstbeobachtung und Selbstreflexion initiiert werden. Ihre eigenen inneren Einstellungen und Überzeugungen, Ihre Erfahrungen, Denk- und Verhaltensweisen stehen im Mittelpunkt der Aufmerksamkeit.

Es wird kein spezielles Know-how oder Wissen vorausgesetzt, um die Methoden anwenden zu können. Sie sollten jedoch die Bereitschaft mitbringen, Situationen und sich selbst genau zu betrachten. Dafür brauchen Sie vor allem eine Portion Neugier, Offenheit, Ehrlichkeit sich selbst gegenüber und Unterscheidungsvermögen.

Halten Sie Ihre Entdeckungen und Einfälle unbedingt schriftlich fest, um diese anschließend analysieren zu können. In jedem Kapitel erhalten Sie spezifische Anleitungen zur Auswertung Ihrer Antworten. Nach der Analyse erfolgt der Schritt zur Veränderung. Dafür lernen Sie am Ende jeweils ein *Anders*-Tool mit nützlichen Denk- und Verhaltensweisen kennen.

Sie werden von diesem Buch am meisten profitieren, wenn Sie die Übungen tatsächlich durchführen, die Fragen schriftlich beantworten und Ihre Notizen präzise analysieren. Zwei Gründe sprechen dafür: Viele Gedanken werden erst dann klar, wenn man sie schriftlich ausformuliert. Außerdem benötigen Sie handfestes Material, das Sie dann in der Auswertung untersuchen können. Wer das Buch nur liest, macht keinen optimalen Gebrauch von den Möglichkeiten.

KAPITEL 1 CHECKPOINT *CHANGE*

Wohin geht die Reise?

Sind Sie bereit für den Aufbruch? Bevor Sie in unbekanntes Neuland vordringen, wartet eine Grenzkontrolle auf Sie. Stellen Sie sich vor, Sie kommen an den imaginären Checkpoint Change ...

Check 1 – Reiseziel

Hier treffen Sie auf einen Grenzwärter. Er interessiert sich zuallererst für Ihr Reiseziel und fragt, wohin es gehen soll.

Beschreiben Sie Ihr Vorhaben vom Ergebnis her und achten Sie genau darauf, wohin Ihre Energie und Ihre Begeisterung fließt! Schildern Sie alles in der Gegenwartsform und so präzise und wirklichkeitsnah wie möglich. Beziehen Sie bei der Formulierung alle Sinne mit ein. Lassen Sie alle Ziele und Vorstellungen beiseite, an deren Verwirklichung Sie selbst nicht glauben. Vermeiden Sie Formulierungen mit „versuchen".

Was ist Ihre Vision?
Wie wollen Sie leben?
Was tun Sie, wenn Sie am Ziel angekommen sind?
Wie fühlen Sie sich dort?

Check 2 - Der Kern der Sache

Der Grenzwärter ist hartnäckig und kritisch. Er lässt sich nicht so einfach abspeisen und hakt noch einmal nach.

Idealerweise sollte es Ihnen gelingen, Ihr Kernziel in einem Satz bzw. einem sogenannten Mission-Statement zu formulieren.

Was macht das emotionale Kernstück Ihres Vorhabens aus? Worum geht es eigentlich?

Check 3 – Kontrollfragen

Das war noch nicht alles. Bevor Sie den Grenzposten endgültig passieren dürfen, überrascht Sie die Grenzwache mit weiteren dringenden Fragen:

Warum können Sie Ihr Vorhaben nicht sofort umsetzen?
Was steht zwischen Ihnen und Ihrem Reiseziel?

Wer wären Sie ohne diesen Gedanken an Neubeginn?
Was wäre, wenn Sie das ganze Vorhaben aufgeben würden?

Vision

Sie brauchen am Start erstmal nur zu wissen, in welches „Land" Sie aufbrechen wollen. Sie müssen noch nicht alle Einzelheiten kennen. Ihre Vision sollte ein attraktives, starkes und stimmiges Bild sein, mit dem Sie sich identifizieren können. Visionen haben meist etwas Kreatives, Luftiges und Lebendiges, sind aber nicht mit Luftschlössern oder Halluzinationen zu verwechseln. Ihr Leitbild sollte einen Realitätsbezug erkennen lassen und deutlich machen, wohin die Reise tatsächlich geht.

Visionen sind mit einem Leitstern vergleichbar, der das Wesentliche, wovon Sie träumen, umfasst. Inspiriert Sie Ihre Vision tief und dauerhaft? Nur dann werden Sie die notwendige Energie für die Umsetzung haben. Lassen Sie sich von diesem Fixstern führen, wenn Sie sich nach einem Neubeginn sehnen. Der Weg entsteht beim Gehen. Er ist ein ständiges Ausprobieren und Abgleichen von Erwartungen und Erfahrungen.

Grenzwächter

Wenn Sie loslegen und gewohntes Gebiet verlassen, taucht oft ein imaginärer innerer Aufseher auf (vgl. Petra Bock 2014). Es scheint als ob uns eine Art Grenzwächter vor neuen Erfahrungen bewahren will. Diese Stimme ist mehr oder weniger deutlich zu hören. Manchmal macht sie sich als kurzes Zögern und Aufschieben bemerkbar. Ein andermal führt diese Instanz ganz massive Argumente ins Feld, um das ganze Vorhaben zum Scheitern zu bringen.

Die Bedeutung des inneren Sicherheitsbeauftragten ist nicht zu unterschätzen. Deshalb konzentriert sich das erste Kapitel auf diese Anfangshürde. Um weiter zu kommen, reicht es oft schon, mit dem Grenzwächter in Tuchfühlung zu gehen und in einen Dialog einzutreten.

Auswertung

Für die Auswertung ihrer Antworten ist ein Perspektivenwechsel erforderlich.

Schlüpfen Sie nun selbst in die Rolle des Aufsehers am Checkpoint Change. Treten Sie im Geist einen Schritt von Ihren Antworten zurück und untersuchen Sie Ihre Notizen anhand folgender Reflexionsfragen:

1 Das neue Leben

Nehmen Sie die Haltung eines freundschaftlichen Ratgebers ein und überlegen Sie für sich:

Trägt das Vorhaben dazu bei, Ihre Lebensqualität zu erhöhen? Ist Ihr Reiseziel attraktiv und anziehend genug, um eine lange Reise auf sich zu nehmen?

2 Kernziel

Der emotionale Kern eines Vorhabens enthält das, was Sie wirklich verändern und tun möchten. Es geht um die Tiefendimension. Achten Sie darauf, welche Aspekte Ihres Reiseziels Sie am meisten begeistern.

Mein Kernziel:

3 Kontrollfragen

Mit den Kontrollfragen können Sie mögliche Hindernisse identifizieren.

In der Auswertung bestimmen Sie nun die Größe der Hindernisse auf einer Skala von 1 bis 10, wobei 1 = äußerst gering und 10 = extrem groß bedeutet. Als Faustregel gilt, je höher die Hindernisse, desto mehr Zeit und Energie werden für die Umsetzung des Vorhabens voraussichtlich benötigt werden.

Beobachten Sie dann Ihre emotionale Reaktion auf den Gedanken, das ganze Unterfangen aufzugeben.

Wie fühlen Sie sich, wenn Sie den Gedanken an einen Neubeginn fallen lassen?

Es kann ganz unterschiedliche Gründe für ein Unbehagen geben. Gehen Sie in diesem Fall eine Stufe tiefer und fragen Sie nach den Ursachen.

Wenn Sie sich erleichtert fühlen, dann ist das Ziel möglicherweise nicht das richtige für Sie. Vielleicht steckt aber nur eine Angst vor dem Unbekannten dahinter. Veränderung löst bei vielen Menschen Ängste aus. Das ist kein Grund, das Vorhaben fallen zu lassen. Sich den eigenen Ängsten zu stellen und Mut zu fassen, ist unumgänglich für einen Neubeginn. Erfolgreiche Menschen erlauben nicht, dass ihre Ängste die Oberhand gewinnen und ihnen enge Grenzen setzen.

Anders 1: **Entschiedenheit**

Eine starke Vision, gepaart mit Entschlossenheit, setzt Kräfte frei für die Veränderung. Mit der Entscheidung legt man sich auf ein bestimmtes Ziel oder eine Richtung fest. In vielen Fällen öffnen sich dadurch schon erste Wege zur Umsetzung. Verlassen sollte man sich aber nicht auf solche Fügungen.

Machen Sie aus Ihrer Vision ein strukturiertes Vorgehen und verwenden Sie dafür die Rückwärtsmethode. Das Verkehrt-herum-Denken ist nicht ganz neu, wurde aber in den letzten Jahren wieder entdeckt. Sie betrachten dabei Ihr Bestreben vom Endergebnis her (attraktive Vision oder Ziel) rückwärts bis zum heutigen Ausgangspunkt.

Sie haben nun die Aufgabe, von Ihrer Vision stufenweise abzuleiten, was vorher in der Umsetzung passiert sein muss. Dabei unterteilen Sie Ihr Traumziel in machbare Schritte, in kleine, handhabbare Häppchen. Der Vorteil dieser Methode liegt darin, dass man klar erkennt, was alles zu tun ist und welche Zwischenschritte unbedingt notwendig sind.

Für die Rückwärtsmethode können Sie ein Flussdiagramm verwenden. Dafür zeichnen Sie ganz unten am Blattrand einen Kreis und tragen ein Stichwort für Ihre Vision ein. Arbeiten Sie sich dann von unten nach oben voran. Dabei überlegen Sie systematisch alle notwendigen Stufen: Was muss vorher geschehen? Halten Sie jeden Zwischenschritt und jedes Zwischenergebnis in einem neuen Kreis fest.

Beispiel für ein Flussdiagramm

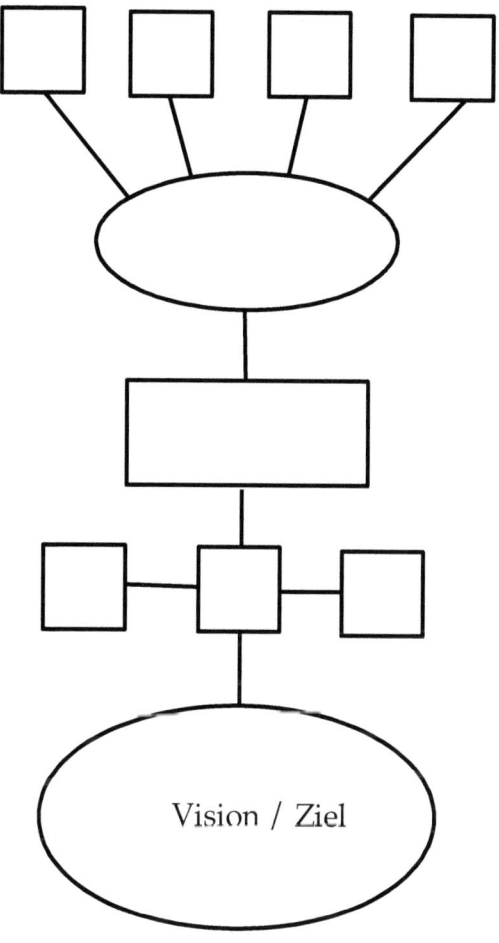

Eine Alternative zum Flow-Chart ist die Erstellung einer einfachen Liste, wobei Sie auf die gleiche Weise vorgehen. Sie beginnen am unteren Blattrand (der Vision bzw. dem Endergebnis) und notieren von unten nach oben chronologisch rückwärts die einzelnen Schritte.

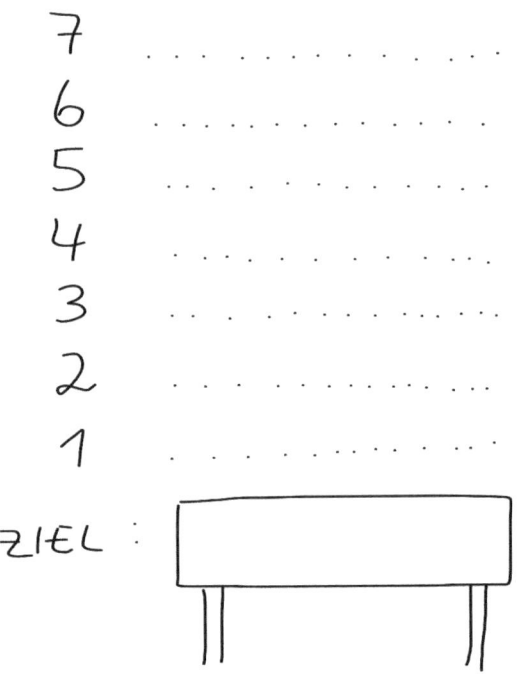

Überprüfen Sie anschließend den gesamten Ablauf vorwärts vom Anfang bis zum Ende:

Bauen die einzelnen Schritte logisch nachvollziehbar und plausibel aufeinander auf?

KAPITEL 2 MACHT

Was kann ich bewirken?

Wer etwas erreichen will, braucht Macht und Einfluss, Mittel und Wege. Der Begriff Macht kommt aus dem Althochdeutschen „maht" und bedeutet Vermögen, Fähigkeit, Können, Potenzialität. Er definiert den Umfang der Handlungsmöglichkeiten einer Person.

Allein das Wort „Macht" stößt häufig auf Abwehr und Ablehnung. Es berührt Menschen unangenehm, denn man bringt damit schnell Machtmissbrauch oder ähnlich negative Dinge in Verbindung. Ein Bekenntnis zur Macht oder zum Machtanspruch legen die wenigsten Menschen öffentlich ab. (Selbstverständlich gibt es auch Ausnahmen.) Wenn man etwas oder sich selbst verändern möchte, braucht man jedoch Einfluss und Durchsetzungskraft.

UE 1 - Gelingen

Halten Sie schriftlich fest, was Ihnen zu folgender Frage einfällt:

Wovon hängt es ab, ob mein Vorhaben gelingen wird?

UE 2 - Machtverteilung

Jetzt geht es um das Thema Macht in Ihrem persönlichen Bereich. Zeichnen Sie einen großen Kreis in die Mitte eines Blattes und widmen Sie sich der Frage:

Wer hat wie viel Macht über mein Leben?

Teilen Sie den Kreis in Tortenstücke für die jeweiligen Machthaber und Themen auf , die Sie beschäftigen und Ihre Zeit beanspruchen.

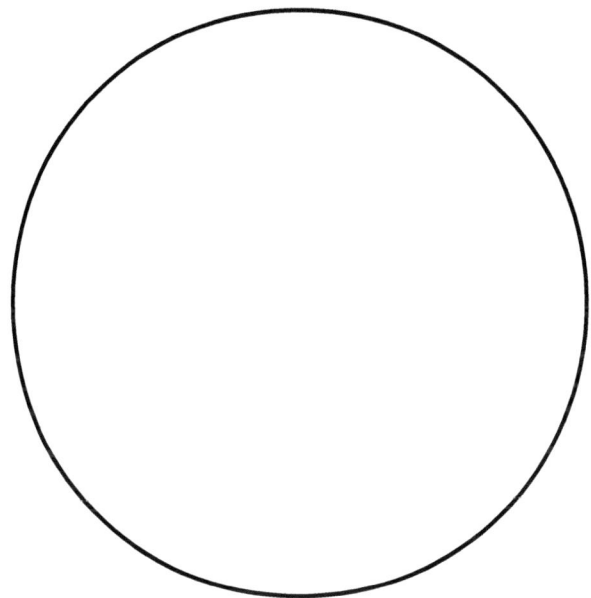

UE 3 - Machtvergabe

Um aus schwierigen Situationen zu lernen, lohnt es sich, die Ereignisse einmal genau unter die Lupe zu nehmen. Überlegen Sie:

In welchen Situationen habe ich meine Kraft verloren und bin dabei von meinem Weg abgewichen?

Machtvoll

Macht kann neutral als „etwas bewirken" oder „etwas machen können" verstanden werden. Mit Macht ist in diesem Sinn die Fähigkeit von Individuen oder Interessengruppen gemeint, auf das Verhalten und Denken anderer Personen oder Gruppen einzuwirken (vgl. Wikipedia.org). Im persönlichen Bereich spricht man von Entscheidungs- und Gestaltungsspielräumen.

Aus Filmen, Romanen und Beobachtungen von Menschen lernen wir, dass es ganz unterschiedliche Arten von Macht gibt. Quellen von Macht können beispielsweise sein:

Wissen

Zugang zu wichtigen Informationen

Charisma und Persönlichkeit

Formale Autorität durch Position oder Amt

Materielle Ressourcen

Netzwerke und Beziehungen

Sanktionsmöglichkeiten durch Belohnung oder Strafe

und weiteres mehr

Die Weisheit und Lebenskunst besteht darin, sich nicht alle Arten von Macht wahllos oder opportunistisch anzueignen. Kluge Menschen wählen diejenigen Machtmittel aus, die zur ihrer eigenen Person passen und die ihnen gegeben sind. Wenn Sie leidenschaftlicher Netzwerker sind, dann sind Ihre persönlichen Kontakte möglicherweise Ihre Machtressource Nr. 1. Haben Sie spezielle Kenntnisse, dann können Sie durch Ihren Wissensvorsprung Einfluss gewinnen.

Eine spezielle Form von Macht stellt die Macht der Entscheidung dar, die im Prinzip jeder Mensch hat.

Wenn Sie an einen Richtungswechsel in Ihrem Leben zurückdenken – was hatte Sie damals auf einen neuen Weg gebracht?

In vielen Fällen wird es eine klare Entscheidung, ein entschiedenes Ja zu einer Sache gewesen sein. In diesem Moment werden die Weichen neu gestellt. Man richtet sich neu aus, legt Prioritäten fest. Das hat Folgen für vieles weitere.

Auswertung

Für alles, was Sie in diesem Buch lernen können, ist die Machtverteilung und Machtzuschreibung in Ihrem persönlichen Bereich von höchster Bedeutung.

1 Gelingen

Es geht hier einzig und allein um Ihre subjektive Einschätzung.

Erstellen Sie eine Rangliste der Einflussfaktoren von 1 bis 5, ganz oben steht der bedeutsamste, ganz unten der in dieser Liste am wenigsten wichtige Faktor.

1.

2.

3.

4.

5.

2 Machtverteilung

In der Zeichnung können Sie auf einen Blick erkennen, wer in welchem Ausmaß über Ihr Leben bestimmt.

Welche Macht geben Sie an welche Personen, Umstände und andere Einflussgrößen ab?

Und warum?

Machen Sie sich klar, Sie selbst verleihen einem Menschen oder einem Sachverhalt Bedeutung und Macht in Ihrem Leben! Auch wenn Sie bestimmte Dinge nicht verursacht haben – Sie selbst entscheiden, wie Sie auf äußere Ereignisse reagieren. Und damit liegt die Machtverteilung großteils in Ihren eigenen Händen. Entscheidend ist die subjektive Wahrnehmung, die sich wiederum auf das eigene Verhalten auswirkt.

3 Machtvergabe

Nehmen Sie die Beschreibung einer Situation und analysieren Sie, was Sie aus Ihrer Kraft gebracht hat.

Wie genau kam es dazu?

Beteiligte Personen, Umstände, Ereignisse?

Welche Annahmen, welche Motive standen dahinter?

Machtzuschreibung

In der Psychologie unterscheidet man zwischen interner und externer Kontrollüberzeugung (Locus of Control). Damit meint man zwei gegensätzliche Formen von Machtzuschreibung.

Wenn Sie glauben, ein Ergebnis ist eine Konsequenz Ihres eigenen Verhaltens, dann haben Sie eine interne Kontrollüberzeugung. Sie vertrauen darauf, dass Ereignisse durch Ihr Handeln beeinflussbar sind. Schreiben Sie externen Kräften die Verursachung eines Erfolges oder Misserfolges zu, dann hegen Sie eine externe Kontrollüberzeugung. In diesem Fall sind Sie der Meinung, Ihr Leben wird vom Schicksal, von mächtigen Anderen oder dem Zufall bestimmt.

Hinter der Machtzuschreibung und Kontrollüberzeugung verbirgt sich ein weiteres Motiv: Selbstwirksamkeit. Was auch immer Sie erreichen wollen, das Vertrauen in eigene Fähigkeiten wird Sie dabei unterstützen.

Wenn Sie an Selbstwirksamkeit glauben, dann bauen Sie darauf, durch eigenes Handeln etwas bewirken bzw. Dinge steuern zu können. Diese Haltung hat einen ganz praktischen Nutzen. Man konzentriert sich vor allem auf das, was man tatsächlich lenken und vollbringen kann. Selbstwirksamkeit ist somit der Grundpfeiler für eine optimistische und positive Lebenseinstellung.

Das extreme Gegenteil von Selbstwirksamkeit ist (erlernte) Hilflosigkeit – ein wesentlicher Wirkfaktor bei Depressionen und Burnout. Menschen mit dieser Haltung fühlen sich als Opfer der Umstände, als jemand, dem oft Ungerechtes geschieht. Infolgedessen engen sie ihr Leben ein und blockieren sich selbst in ihrem Tun.

Anders 2: **Selbstwirksamkeit**

Selbstwirksamkeit ist eine innere Einstellung und Sichtweise. Ob Sie annehmen, dass Sie durch Ihr Handeln etwas schaffen und schwierige Situationen bewältigen können, hat Folgen für alles Weitere. Selbstwirksamkeitserwartung und Selbstvertrauen sind beste Voraussetzungen für einen Neubeginn, innere Stärke und ein selbstbestimmtes Leben.

Überdenken Sie noch einmal die Machtfrage, bevor Sie sich ins Abenteuer Neubeginn stürzen.
Überlegen Sie, auf welche Machtquellen Sie sich stützen können und verteilen Sie die Macht in ihren Lebensbereichen gegebenenfalls neu.

Die entscheidende Frage lautet:

Was kann ich tun?

KAPITEL 3 MOTIVATION

Warum will ich das?

Jetzt mal ehrlich – warum wollen Sie sich auf unsicheres Terrain begeben, vielleicht sogar den Job, Freunde oder die Familie hinter sich lassen?
Ist es nur eine flüchtige Idee?
Ein vager Wunsch?
Oder geht Ihre Motivation tiefer?

Motivation, abgeleitet vom Wortstamm „Motiv", bedeutet „Beweggrund, Anlass, treibende Kraft". Ihre Motivation spielt eine große Rolle, denn Sie brauchen Treibstoff, um durchzuhalten. Ihr innerer Beweggrund liefert diese Energien. Aber nicht jede Motivation trägt durch alle Höhen und Tiefen.

UE 1 - Was motiviert mich?

Beantworten Sie die folgenden Fragen mit der Methode des spontanen Schreibens. Spontanes Schreiben heisst, Sie lassen Ihren Gedanken freien Lauf und schreiben einfach drauf los, ohne vorher groß nachzudenken. Damit können Sie auch unterbewussten Motiven auf die Spur kommen. Notieren Sie alles, was Ihnen ad hoc einfällt.

Auch wenn äußere Umstände Sie zu einem Neubeginn veranlassen, überlegen Sie, was Sie persönlich daran motivieren kann.

Mindestens 10 Gründe, warum ich das will:

1

2

3

4

5

6

7

8

9

10

Mindestens 5 Dinge, die ich dabei besonders gerne tue:

1

2

3

4

5

UE 2 - Resümee

Die folgenden 3 Seiten tragen die Überschriften:

Erwünschte Erfahrungen

Meine persönliche Entwicklung

Mein Beitrag für die Welt.

Nehmen Sie eine Stoppuhr und geben Sie sich 90 Sekunden Zeit pro Seite für die Beantwortung der folgenden Fragen. Schreiben Sie auch hierbei wieder spontan darauf los, lassen Sie Ihren Gedanken freien Lauf.

(Anmerkung: Diese Methode stammt von Vishen Lakhiani, dem Gründer von www.mindvalley.com)

Erwünschte Erfahrungen

Was möchte ich wirklich in meinem Leben erfahren?
Welches Leben würde mir Spaß machen?
Was würde mich innerlich erfüllen und zufrieden machen?
Was möchte ich erleben, wenn Zeit und Geld keine Rolle spielen?

Meine persönliche Entwicklung

Wie möchte ich mich als Mensch weiterentwickeln?
Welche Energien suche ich?
Was möchte ich noch lernen?
Welche Fähigkeiten und Kompetenzen möchte ich entfalten?
Welche Eigenschaften will ich in mir fördern?

Mein Beitrag für die Welt

Auf welche Art und Weise möchte ich etwas für die Welt beitragen?
Was könnte ich anderen Menschen von mir geben?
Was könnte ich für meine Stadt, meine Community – vielleicht auch nur in kleinem Maßstab – bewirken?
Wie könnte ich die Welt ein bisschen besser machen?

UE 3 - Heimliche Vorteile

Nun geht es um einen möglicherweise unterschwelligen Krankheitsgewinn. Man versteht darunter objektive oder subjektive Vorteile, die jemand bewusst oder unbewusst aus seiner Krankheit bzw. einer misslichen Situation zieht. Nicht umsonst verharren viele Menschen in einem Zustand, den sie einerseits nicht wollen, der ihnen aber andererseits versteckte Vorteile bringt.

Überlegen Sie nun selbst, welche heimlichen Vorteile Sie haben könnten, wenn alles beim Alten bleibt. Notieren Sie intuitive Einfälle zu der Frage:

Was habe ich davon, wenn ich nichts ändere?

Beobachten Sie, welche emotionalen Aspekte diese Frage in Ihnen berührt.

Auswertung

1 Motivation

Sehen Sie sich nun Ihre Antworten auf UE 1 genau an. Es gibt kein richtig oder falsch. Jeder Mensch hat andere Impulse und Antriebskräfte. Meist sind es gemischte Motive, in der Zusammensetzung so individuell wie der persönliche Fingerabdruck.

In der Motivforschung zeigen sich bestimmte Beweggründe sehr häufig. Dies sind (vgl. Reiss Profile):

Sicherheit

Leistungswillen

Status und Image

Wunsch etwas in der Welt zu bewirken

Effizienz und Sparsamkeit

Geld

Anerkennung

Genuss

Familie und Beziehungen

Bewegung und Sport

Ehre

Gerechtigkeit

Ordnung und Stabilität

Freiheit und Unabhängigkeit

Neugier

Macht und Einfluss

In den Dingen, die Sie besonders gerne tun, liegen dominante Motive verborgen. Gibt es ein bestimmtes Muster zu entdecken? Können Sie 2 oder 3 Haupt-Motive erkennen?

Vielleicht haben Sie festgestellt, dass Ihre Antriebskraft gar nicht so stark ist, wie ursprünglich angenommen. Dann geht es darum, her-auszufinden, woran das liegen könnte. Dazu einige Überlegungen in den folgenden Abschnitten.

Intrinsische und extrinsische Motivation

Woraus speist sich Ihre Motivation? Wenn Sie etwas tun wollen, weil es Spass macht, der Ansporn aus Ihrem Innersten kommt und Ihre Interessen befriedigt, nennt man das intrinsische Motivation. Erstreben Sie etwas mit der Erwartung, dafür belohnt oder zumin-dest nicht bestraft zu werden, dann handelt es sich um eine extrinsische Motivation.

Echte eigene Ziele

Ist Ihr Ziel wirklich Ihr selbstbestimmtes Ziel? Entspricht das Vorhaben Ihren eigenen Vorstellungen, Sehnsüchten und Wünschen? Wenn nicht zur Gänze, dann zumindest in großen Teilen? Oder richten Sie Ihr Leben nach Vorstellungen von anderen Menschen aus?

Meinen Erfahrungen nach ist letzteres einer der häufigsten Gründe für ein Verzögern und Verschleppen von Projekten. Viele Menschen geben auf, weil es gar nicht um persönliche Ziele, sondern um fremde Anliegen geht. Wenn kein echtes Wollen dahinter steht, fehlt früher oder später die Power und der Antrieb.

Besser-Motive

Wir leben in einer Konkurrenz- und Leistungsgesellschaft. Wettbewerb ist ein Modell, das auch im Fernsehen zelebriert wird. Man denke an Serien wie: Deutschlands Next Top Modell, Deutschland sucht den Superstar, The Biggest Loser usw.

Manche Menschen werden von Konkurrenz stimuliert, insbesondere dann, wenn eine kreative und inspirierende Atmosphäre vorherrscht. Dann können Einzelne, angespornt durch Mitbewerber, zur Höchstform auflaufen.

Können Sie in Ihren Antworten solche Motive erkennen? Achten Sie dabei auf feine, bedeutsame Nuancen. Wenn in erster Linie „besser sein wollen" Sie motiviert und Sie sich unaufhörlich mit anderen vergleichen, dann laufen Sie im Konkurrenzmodus und damit in die Gefahr, Ihr eigenes Ding aus den Augen zu verlieren.

Richtung der Motivation

Betrachten Sie noch einmal Ihre Beschreibungen. Aus welcher Richtung speist sich Ihre Motivation? Wollen Sie von etwas weg oder möchten Sie zu etwas hin?

Bei einem „weg-von" Motiv wollen Menschen aus einem negativen Ist-Zustand hinauskommen. Ein „weg-von" Motiv bindet jedoch Aufmerksamkeit an den nicht-gewünschten Zustand. Im Endeffekt bedeutet das eine längere Auseinandersetzung mit der Vergangenheit. Man vergeudet Energie im Kampf gegen etwas, wird erschöpft und bleibt weiterhin in der Situation stecken.

Ein „hin-zu" Motiv bedingt, dass Menschen sich ihren Visionen und zukünftigen Zielen zuwenden. Es fühlt sich anders an: freudiger und leichter. Es hebt die Stimmung und beflügelt den Geist. Werden Menschen von einem attraktiven Ziel angezogen, werden sie von einer ganz anderen Energie getragen, die Kraft und Durchhaltevermögen gibt.

Ein „weg-von" Motiv kann bewusst durch ein „hin-zu" Motiv ersetzt werden. Überlegen Sie, was an Ihrem Vorhaben für Sie mit Lebensfreude, Leichtigkeit, Erfüllung, Spass oder Spiel verbunden ist. Finden Sie Beweggründe, die für Sie stimmig und authentisch sind. Aufgesetzte Motive funktionieren nicht bzw. nicht lange, weil keine Kraft entfaltet, sondern Anstrengung abverlangt wird.

Defizit- oder Ressourcen-Denken

Bemerken Sie in Ihren Antworten unterschwellige Glaubensmuster wie „Ich bin nicht gut genug, deshalb ..." oder „Ich bin nicht in Ordnung, so wie ich bin"? Werden Sie sich bewusst, dass dahinter Minderwertigkeitsgefühle, ein Mangel- und Defizit-Denken stehen. Diese Haltung bindet Ihre Energie immer wieder auf den Ausgleich von Schwächen.

In der Positiven Psychologie (nicht zu verwechseln mit Positivem Denken) verfolgt man mit großem Erfolg einen anderen Ansatz. Man bringt Menschen bei, von Anfang an ihr Augenmerk auf eigene Stärken und das persönliche Potenzial zu richten. Diese Denk-weise fördert Selbstvertrauen und den Glauben an Selbstwirksamkeit.

2 Resümee

Mit Hilfe von UE 2 können Sie herausfinden, was Ihr Vorhaben im Kontext Ihres ganzen Lebens bedeutet. Viktor Frankl, Begründer der Logotherapie, hat erkannt, dass Sinn im Dasein eine starke Kraft entfaltet und uns tiefe und bleibende Erfüllung, Freude und Zufriedenheit gibt. Menschen sind dann zufrieden und glücklich, wenn ihre Ziele in Zusammenhang mit einem größeren Ganzen stehen und zu ihren persönlichen Werten passen. Manche Menschen sagen dazu „Berufung", „Seelenwunsch" oder Ähnliches. Dieser Lebenssinn ist für einen selbst oft verborgen und es braucht eine Weile, um ihn zu entdecken. Manchmal geschieht dies erst in Krisenzeiten.

Vergleichen Sie nun Ihre Antworten:

Was ist für Sie das stärkste Motiv im Kontext des Ganzen Ihres Lebens?

Welches Lebensthema steht dahinter?

3 Heimliche Vorteile

Mit dieser Frage können Sie innere Beharrungskräfte und Wider-stände – die fast jeder Mensch hat – ausfindig machen. Sie wissen dann, woran es liegen kann, wenn Sie mit Ihrem Vorhaben nicht gut vorankommen.

Wie kann man diese Widerstände überwinden? Dagegen anzukämpfen hilft kaum. Die Erfahrungen zeigen, dass Druck nur Gegendruck erzeugt. Je stärker man gegen etwas Front macht, desto größer wird die Auflehnung.

Es gibt eine bessere und wirksamere Methode. Finden Sie für jeden heimlichen Vorteil des alten Zustandes einen mindestens gleichwertigen Ersatz im Rahmen Ihres Vorhabens. Es kann sein, dass Sie dafür ein paar kleine Extra-Belohnungen einplanen müssen.

Anders 3: **Sinn**

Um Ihr Leben zu verändern oder etwas Neues zu beginnen, brauchen Sie Energie. Denn es ist selten der geniale Einfall, der Menschen voranbringt, sondern Entschlossenheit und Durchhaltevermögen.

Erfolgreiche Menschen streben meist nicht nach Geld oder Reichtum, sondern sie sind geradezu besessen von einer Idee oder einer Vision. Sie brennen für etwas, das sie im Innersten wirklich wollen und das über ihre eigene Person hinausgeht. Ihre Vision für eine bessere Welt oder ein besseres Leben erfüllt ihr Leben mit Sinn.

Sinnhaftes Tun liefert die höchste Form von Energie. Es ist die Kraft, die Sie dazu bringen kann, das schier Unmögliche zu erreichen. Nun muss sich nicht gleich Jeder zum Retter für die Menschheit aufschwingen. Sinn entsteht auch dadurch, indem Sie Ihrem Vorhaben einen ganz persönlichen Wert und eine individuelle Bedeutung geben.

Was an Ihrem Vorhaben steht in Einklang mit Ihren Grundüberzeugungen?

Was ist das Wesentliche an Ihrem Projekt, das Ihnen Sinn, Freude und ein erfülltes Leben bringt?

KAPITEL 4 KOHÄRENZ

Was sagen die Stimmen in mir?

Kennen Sie Ihr inneres Team?
Bei wichtigen Entscheidungen melden sich manchmal unterschiedliche Stimmen und widerstreitende Gefühle in uns. Nicht immer sind unsere Persönlichkeitsanteile leicht auf eine Linie zu bringen. Manchmal strebt der Abenteurer hinaus ins Unbekannte, während der Sicherheitsbeauftragte in uns „Halt" ruft.

Vermutlich hat jeder Mensch schon Situationen erlebt, in denen er von gegensätzlichen Gefühlen und Gedanken hin und her gerissen wurde. Das passiert, wenn in uns verschiedene Persönlichkeitsanteile mit unterschiedlichen Erfahrungen im Streit liegen.

Diese inneren Persönlichkeitsaspekte nennt Friedemann Schulz von Thun, Professor für Kommunikation, das „innere Team". Verschiedene Stimmen in sich zu hören, ist bis zu einem gewissen Grad ganz normal. Wenn aber ein innerer Zusammenhang fehlt und jeder Persönlichkeitsanteil in eine andere Richtung strebt, dann kann das einen Neubeginn blockieren. Es geht nun darum, diese Stimmen kennen zu lernen, sie anzuhören und in Einklang zu bringen.

UE 1 - Stimmungsbild

Nehmen Sie ein großes Blatt Papier und Mal-Utensilien (Wasserfarben, Buntstifte, Ölkreide oder was auch immer) oder besorgen Sie sich ein paar Zeitschriften, Papier, Schere und Kleber. Erstellen Sie ein Bild zur Frage:

Welche Gefühle löst der Neubeginn in mir aus?

Bringen Sie Ihre inneren Impulse mit Farben, Formen, Gestalten, Symbolen und Linien möglichst unzensiert zum Ausdruck.

UE 2 - ABC-Liste

Unterschiedlichen Gedanken zu einem Thema kann man auch mit einer ABC-Liste auf die Spur kommen. Die Managementtrainerin Vera F. Birkenbihl hat diese Methode entwickelt. Sie stellt so etwas wie eine innere Inventur dar.

Notieren Sie zu den Anfangsbuchstaben von A bis Z alle Antworten zu der Frage:

Was fällt mir ein, wenn ich an mein Vorhaben denke?

Es steht Ihnen frei, sowohl Hauptwörter, Eigenschaftswörter als auch Verben zu verwenden. Einzelne Buchstaben dürfen auch leer bleiben, wenn Sie keine Idee dazu haben.

A

B

C

D

E

F

G

H

I

J

K

L

M

N

O

P

Q

R

S

T

U

V

W

X

Y

Z

UE 3 - Katastrophen-Szenario

Nun eine Fantasiereise zu der Frage:

Was ist das Schlimmste, das passieren kann?

Wenn Ihr Gedankenfluss ins Stocken gerät, dann stellen Sie eine weitere Frage:

Was könnte noch viel schlimmer werden?

Archetypen

In vielen Fällen kann man im inneren Team bestimmte Archetypen identifizieren. Archetypen sind idealtypische Vertreter einer Idee. Sie begegnen uns in Märchen, Sagen und Mythen. Diese Gestalten verkörpern unsere Persönlichkeitsanteile und inneren Stimmen in vielen Schattierungen. Beispiele für das Spektrum archetypischer Gestalten sind:

Heiler, Arzt
Krieger, Kämpfer, Rebell, Held, Zerstörer
Künstler, Schöpfer
Weiser, Gelehrter, Lehrer
König, Herrscher, Prinz
Priester, Magier, Druide, Seher
Narr, Clown, Spassvogel
usw.

Ihre Persönlichkeitsanteile möchten wahrgenommen werden, denn sie haben eine Botschaft. Sie machen auf spezifische Aspekte eines Themas aufmerksam. Damit Sie diese Informationen verstehen und angemessen verarbeiten können, ist eine interne Teambesprechung hilfreich. Laden Sie Ihre Archetypen zu diesem Meeting ein und hören Sie, was jede Stimme zu sagen hat. Fehlende Kommunikation kann zum Scheitern eines Vorhabens führen. Verdrängte Anteile könnten sich früher oder später quer stellen und Ihr Projekt boykottieren.

Dem Chor der inneren Stimmen Gehör zu schenken, heisst aber nicht, jedem Impuls nachzugeben. Für eine bewusste und re-flektierte Entscheidung ist eine Instanz zuständig, die man das Erwachsenen-Ich nennen kann. Was das bedeutet, erklärt das Modell der Transaktionsanalyse.

Integration

Die Transaktionsanalyse ist eine Theorie der Persönlichkeitsstruktur. Sie wurde von dem amerikanischen Psychiater Eric Berne entwickelt. Auch diese Theorie geht davon aus, dass wir verschiedene Persönlichkeitsanteile in uns tragen. In der Transaktionsanalyse wird die Komplexität stark vereinfacht und auf drei Ich-Zustände reduziert: Kind-Ich, Erwachsenen-Ich und Eltern-Ich. Dem entspricht ein kindhaftes, erwachsenes und elternhaftes Verhalten.

Der Transaktionsanalyse zufolge befinden wir uns immer in einem der drei Zustände und wir denken, fühlen und handeln aus diesem Zustand heraus.

So ist das Eltern-Ich entweder eine kritische oder überfürsorgliche Instanz in uns, die uns das Gefühl der Überlegenheit beschert.

Das Erwachsenen-Ich hingegen, bezieht sich in angemessener Weise auf das Hier und Jetzt und verleiht uns die Fähigkeit zum konstruktiven Handeln.

Das Kind-Ich äußert sich spontan und emotional, es ist bestimmt durch angepasst-hilfloses oder freies und rebellisches Verhalten.

Ohne hier näher auf Details der Transaktionsanalyse einzugehen, lautet die Quintessenz zum Thema Kohärenz: Wichtige Entscheidungen sollten im Zustand des Erwachsenen-Ich getroffen werden, nach sorgfältigem Prüfen und Abwiegen des Sachverhalts und der Erfordernisse. Im Erwachsenen-Ich sind wir in der Lage, reflektiert zu handeln, unsere Fähigkeiten realistisch einzuschätzen und zu nutzen.

Auswertung

Menschen sind komplexe Lebewesen. Mit Kohärenz ist der Zusammenhang und Einklang von verschiedenen Persönlichkeitsanteilen in uns gemeint.

Unter einer dünnen Oberfläche von rationalen Argumenten denkt und fühlt „es" in uns. Neurowissenschaftler, Hirnforscher und Psychologen sprechen immer wieder davon, dass unser Denken, Fühlen und Verhalten zu 95 % un- oder unterbewusst stattfindet. Der uns unbekannte Anteil entsteht, weil wir gar nicht die Kapazität haben, ständig alles bewusst zu bedenken. Außerdem verdrängen wir gerne Unliebsames oder schenken mulmigen Gefühlen erst gar keine Beachtung.

Kohärenz entsteht dadurch, dass wir diese inneren Stimmen kennen lernen und ausbalancieren. Malen und spontanes Assoziieren sind Methoden, um eigene un(ter)bewusste Anteile – verborgene Ge-danken und Gefühle – ans Tageslicht zu bringen.

1 Ein Bild sagt mehr als viele Worte

In Bildern kommen viele un(ter)bewusste Motive zum Ausdruck. Sie erfahren in Bildern etwas über Ihre heimlichen Ängste und Bedürfnisse. Betrachten Sie nun Ihr Werk und überlegen Sie:

Was überrascht Sie an Ihrer Zeichnung?

Was sind Ihre drei stärksten emotionalen Treiber, die im Bild sichtbar werden?

Tauchen weitere, verborgene Gefühle auf?

Betrachten Sie Ihre Zeichnung auch von unterschiedlichen Seiten. Stellen Sie das Bild auf den Kopf, drehen Sie es auf die linke und rechte Kante und lassen Sie die Eindrücke auf sich wirken.

2 Inventar

Nehmen Sie nun Ihre ABC-Liste, gehen Sie die einzelnen Buchstaben durch und bewerten Sie Ihre Einstellung zu Ihrem Vorhaben. Machen Sie hinter jeden Begriff ein Plus (+), Minus (–) oder Neutral (o) Zeichen. Zählen Sie dann die Menge der Plus-, Minus- und neutralen Zeichen, die Sie vergeben haben.

Überwiegen positive oder negative Gedanken und Gefühle zu Ihrem Vorhaben?

Positiv:

Negativ:

Neutral:

Durch die Auswertung erfahren Sie etwas über die emotionale Ladung eines Themas. Je mehr negative, ablehnende oder angsterfüllte Gefühle und Gedanken, desto mehr Stress wird bei der Umsetzung des Vorhabens ausgelöst. Je mehr positive Gefühle und Haltungen Sie mit dem Neubeginn verbinden, desto stressfreier werden Sie Ihr Vorhaben durchführen können.

Überprüfen Sie nun ganz gezielt hemmende Einstellungen. Betrachten Sie alle negativen und ablehnenden Impulse aus der Perspektive eines erwachsenen Menschen und fragen Sie sich:

Woher stammen diese negativen Vorstellungen?

Welche Archetypen kommen hier zu Wort?

Aus welchem Ich-Zustand sprechen Sie?

Welche wichtigen Informationen stecken in diesen Gedanken und Gefühlen?

3 Katastrophen-Szenario

Wenn Menschen die Zone des Gewohnten und Sicheren verlassen, taucht oft Angst auf. In der Regel machen sich gemischte Gefühle bemerkbar – die Vorfreude auf etwas und zugleich ein mulmiges Gefühl von Unsicherheit.

Manche Menschen bleiben stehen, sobald Angst auftaucht. Sie bekommen kalte Füße und finden viele Gründe, warum das Vorhaben erst später umgesetzt werden kann oder sich doch nicht lohnt. In der kognitiven Verhaltenstherapie wird mit großem Erfolg ein anderer Weg eingeschlagen: Eine Konfrontation mit eigenen Ängsten in einer geschützten Umgebung. Dafür kann man ein Katastrophen-Szenario nutzen.

Untersuchen Sie nun Ihre Notizen genauer:

Aus welchem Ich-Zustand sprechen Sie, wenn Sie den schlimmsten Fall entwerfen?

Welche Themen könnten in Ihren Katastrophen-Szenarien stecken?

Was macht Ihnen am meisten Angst, wenn Sie an Ihr Vorhaben denken?

Welche Grundannahmen oder Glaubenssätze stehen hinter den Ängsten?

Soziale Ängste rangieren übrigens in unserem Kulturkreis ganz oben. Die größte Angst von Menschen ist die Angst vor Anderen zu versagen oder die Angst im Mittelpunkt zu stehen.

Exkurs: The Work

Hinter Ängsten stehen meist bestimmte mentale Konstrukte, sogenannte Glaubenssätze. Es gibt eine Methode, um behindernden Gedanken die Kraft zu nehmen. Katie Byron hat mit „The Work" ein einfaches und rasches Verfahren entwickelt, mit dem Sie diese Muster bearbeiten können.

Im Kern besteht die Methode aus 4 Fragen und den Umkehrungen. Viele Menschen finden schnell aus ihren Glaubenssätzen heraus, wenn sie sich selbst diese Fragen stellen und die Umkehrungsübung machen.

Die 4 Fragen:

1. Kann ich das wirklich wissen? Ist das zutreffend oder wahr?
2. Kann ich mit absoluter Gewissheit wissen, dass es stimmt?
3. Wie reagiere ich / welche Gefühle tauchen auf, wenn ich diesen Gedanken glaube?
4. Wer wäre ich ohne diesen Gedanken?

Die Umkehrungen:

Umkehrungen des Gedankens sind in vielen Variationen möglich: zu mir selbst, zum anderen und ins Gegenteil. So lässt sich beispielsweise der Glaubenssatz: „Niemand liebt mich." umkehren in:

„Ich liebe mich selbst nicht."
„Ich liebe andere Menschen nicht."
„Ich will nicht geliebt werden."
„Andere Menschen lieben mich."
„Alle lieben mich."
etc.

UE Mein Work

Wenden Sie nun die Methode auf Ihre Glaubenssätze an.

1. Kann ich wirklich wissen, dass .... wahr ist?

2. Kann ich mit absoluter Gewissheit wissen, dass .... stimmt?

3. Wie reagiere ich / welche Gefühle tauchen auf, wenn ich glaube, dass ....?

4. Wer wäre ich ohne diesen Gedanken?

Mögliche Umkehrungen:

Anders 4: **Innere Stimmigkeit**

Wenn Herz und Verstand, Gefühle und Gedanken klar und laut JA zu Ihrer Absicht sagen, dann ist Ihre eigene Kraft wie ein Laserstrahl gebündelt. Es entsteht eine klare Ausrichtung und innere Stimmigkeit. Die Streuverluste werden gering sein und es wird Sie kaum etwas aufhalten können.

Ob das innere Team auf einer Linie ist, können Sie recht einfach testen. Stellen Sie drei Stühle vor sich auf. Auf den Stühlen platzieren Sie je einen Zettel mit der Aufschrift: „Ich kann", „Ich will" und „Ich darf". Diese drei Stühle symbolisieren Ihre Fähigkeiten, Ihre Wünsche und Ihre innere Erlaubnis.

Setzen Sie sich nacheinander auf diese Stühle. Denken und Fühlen Sie sich intensiv in Ihr Vorhaben hinein und sprechen Sie laut die Worte aus „Ich kann … (Projekt beschreiben)". Auf dem zweiten Stuhl entsprechend „Ich will …" und schließlich auf dem dritten Stuhl „Ich darf …".

Achten Sie auf den Klang Ihrer Stimme. Hören Sie einen zögerlichen Ton? Fällt Ihnen das Aussprechen eines Satzes schwer? Nur wenn Sie sich auf allen drei Stühlen gut fühlen und Ihre Stimme klar und klangvoll ist, sind Ihre inneren Ampeln frei geschalten.

KAPITEL 5 FOKUS

Worauf richte ich meine Aufmerksamkeit?

Ein Neustart fängt im Kopf an - mit einer bewussten Entscheidung und vielen weiteren Schritten. Dass die mentale Vorbereitung wichtiger ist als die körperliche, sagt auch der Extrembergsteiger Reinhold Messner. Bevor er ein neues Projekt startet, arbeitet er ein bis zwei Jahre lang intensiv geistig daran. In dieser Phase setzt er noch keinen Fuß auf den zu bezwingenden Berg.

Stellen Sie sich vor, Ihre Idee oder Ihr Vorhaben ist eine zarte Pflanze. Diese braucht Licht, Wasser und den richtigen Boden, um gut zu gedeihen. Das Licht ist die Aufmerksamkeit, die Sie dem Bestreben schenken. Das Wasser sind weitere Ideen und Ressourcen für Ihr Projekt. Und schließlich sollten auch der Ort und das Umfeld für ein gutes Gedeihen und Wachsen passen.

Im Scheinwerferlicht

Fokus kommt von lateinisch „focus" und bedeutet Herd oder Feuerstelle. Als Fokus bezeichnet man auch den Brennpunkt einer optischen Linse oder eines Hohlspiegels. Es ist der Punkt, in dem sich die Strahlen schneiden. Damit ist das Prinzip von Fokussierung erklärt:

Gebündelte Aufmerksamkeit

Fokussierung ist ein Selektionsmechanismus. Vielleicht kennen Sie den Spruch: „Energie folgt der Aufmerksamkeit"? Worauf Sie sich konzentrieren, dahin fließt Ihre Energie. Wie im Scheinwerferlicht werden durch Fokussierung Kräfte gesammelt und bewusst in eine gewünschte Richtung gelenkt.

Das Gegenteil von Fokus stellt Multitasking dar. Man verteilt seine Aufmerksamkeit auf viele Dinge gleichzeitig und meint, damit besonders effektiv zu sein. Das ist jedoch ein Irrtum bzw. nur mit großer Einschränkung gültig.

Die Gehirnforschung zeigt, dass man seine volle Aufmerksamkeit nur jeweils einer Sache widmen kann. Das Gehirn verarbeitet Informationen sequentiell. Nur Routinetätigkeiten können problemfrei nebenher im Modus der zerstreuten Aufmerksamkeit gemanagt werden.

Fokussierung will gelernt sein. Es macht wenig Sinn, die Aufmerksamkeit auf Dinge zu lenken, die nicht beeinflussbar sind oder nicht in die eigene Zuständigkeit fallen. Es erfordert Übung, seine Aufmerksamkeit auf wirklich Wichtiges auszurichten und dabei zu bleiben. Wenn es schwierig wird, lassen wir uns gerne ablenken.

Doch genau diese Form der Beständigkeit zeichnet erfolgreiche Menschen aus. Sie verfolgen ihre Ziele über äußere Widrigkeiten, eigene Zweifel und Zeiten der Flaute hinweg.

UE 1 - Thinking-Aloud

Die Thinking-Aloud-Methode dient dazu, kognitive Prozesse – also das, was in Ihrem Kopf vorgeht, wenn Sie eine Aufgabe bearbeiten – genau zu protokollieren. Thinking-Aloud beruht darauf, dass Sie all das laut aussprechen, woran Sie gerade denken und worauf Sie schauen, wenn Sie etwas tun.

Nehmen Sie ein Gerät mit Sprachaufzeichnung zur Hand (die meisten Smartphones haben diese Funktion integriert) und fragen Sie sich:

Was sind die nächsten Schritte, um mein Vorhaben zu verwirklichen?

Sprechen Sie laut aus, wie Sie vorgehen und welche Überlegungen dabei auftauchen. Je genauer Sie Ihre Gedanken, Gefühle und Absichten benennen, desto besser.

Auswertung

1 Wohin gehen Ihre Gedanken?

Sie haben nun wiederum die Aufgabe, Ihre Aufzeichnungen so objektiv wie möglich zu analysieren. Untersuchen Sie Ihre Antworten anhand folgender Leitfragen:

Denken Sie in Problemen oder Lösungen?

Beschäftigen Sie sich in Ihren Überlegungen vorwiegend mit Problemen oder mit möglichen Lösungen? Erfolgreiche Menschen konzentrieren sich auf Lösungen, weniger erfolgreiche Menschen sind Problemdenker. Im Sport weiß man schon lange um die Bedeutung der gezielten Lenkung der Aufmerksamkeit. Der Sieg wird im Kopf errungen! Sportler lernen im Mentaltraining sich vorzustellen, wie sie einen neuen Rekord aufstellen und die Strecke fehlerfrei absolvieren.

Denken Sie vorwärts- oder rückwärtsgewandt?

Wenn Sie über Ihr Vorhaben sprechen, besinnen Sie sich in erster Linie auf das, was Sie in Ihrem Leben verwirklichen möchten? Oder denken Sie an Altes, an das, was Sie nicht (mehr) haben wollen?

Viele Menschen grübeln und betrachten immer wieder das, was sie nicht wollen, was sie belastet und was sie eigentlich hinter sich lassen möchten. Und fatalerweise kommen sie gerade dadurch davon nicht los. Denn das, worauf man sich konzentriert, rückt man ins Zentrum seines Lebens.

Agieren oder Reagieren?

Betrachten Sie nun Ihre Handlungsweise. Sind Sie im Modus des Agierens? Agieren kann man als absichtsvolles Tun bzw. planvolles Handeln beschreiben. Setzen Sie aktiv Ihr Vorhaben Schritt für Schritt um? Oder sind Sie in einer abwartend-passiven Haltung? Machen Sie die Realisierung von Reaktionen anderer Menschen abhängig? Von der Wirtschaftslage? Von der Anerkennung durch Dritte?

Wer vorwiegend auf Geschehnisse reagiert, bleibt von äußeren Faktoren abhängig. Man ist dann weitgehend in einer defensiven Position und gibt Gestaltungsmacht an andere Menschen ab.

Stärken oder Schwächen?

Wie sehen Sie sich selbst? Denken Sie, Sie müssten an Ihren Schwächen arbeiten? Oder wissen Sie genau, was Ihre Stärken sind und wie Sie diese nutzen können?

Eine sachliche Betrachtung eigener Stärken – und die hat jeder Mensch - führt Sie weiter, als die Konzentration auf eigene Schwächen. Im gesamten Bildungswesen findet zur Zeit ein Umdenken statt: Ein Stärken-basiertes Lernen trägt mehr zur Entwicklung von Menschen bei, als der generelle Abbau von Schwächen.

Anders 5: Klare Ausrichtung

Gute Voraussetzung für einen Neubeginn sind ein von Altlasten freier Kopf und Konzentration auf das eigene Vorhaben. Ihre Aufmerksamkeit ist Gedankenenergie und Gedankenkraft. Klare Ausrichtung ist eine Sache des Trainings. Beginnen Sie mit den oben diskutierten Aspekten:

Fokus auf eigenes Projekt

Denken in Lösungen

Vorwärtsgewandter Blick

Pro-aktives Handeln

Augenmerk auf eigene Stärken

Schlusswort

Now ...

Kennen Sie die 72-Stunden-Regel?

Sie besagt, dass wer mit einem Projekt nicht innerhalb der nächsten 72 Stunden anfängt, nie in die Gänge kommen wird.

Wer sonst, wenn nicht Sie, sollte es tun?

LITERATURLISTE

Berne, Eric, Die Transaktions-Analyse in der Psychotherapie. Eine systematische Individual- und Sozial-Psychiatrie, 2006

Birkenbihl, Vera F., ABC-Kreativ: Techniken zur kreativen Problemlösung, 2012

Bock, Petra, Mindfuck Love. Wie wir uns in der Liebe selbst sabotieren und was wir dagegen tun können, 2014

Byron, Katie, The Work. Der einfache Weg zum befreiten Leben, 2013

Cameron, Julia, Der Weg des Künstlers, 2000

Csikszentmihalyi, Mihaly, Flow – Der Weg zum Glück, 2006

Ellis, Albert, Training der Gefühle. Wie Sie sich hartnäckig weigern, unglücklich zu sein, 2000

Ibarra, Herminia, Working Identity. Unconventional Strategies for Reinventing Your Career, 2003

Precht, Richard, David, Wer bin ich – und wenn ja, wie viele?: Eine philosophische Reise, 2009

Reiss, Steven, Das Reiss Profile. Die 16 Lebensmotive. Welche Werte und Bedürfnisse unserem Verhalten zugrunde liegen, 2009

Rubin, Harriet, Soloing: Die Macht des Glaubens an sich selbst, 2003

Sarasvathy, Saras, D., Effectuation. Elements of Entrepreneurial Expertise, 2008

Schulz von Thun, Friedemann, Miteinander reden 3: Das „innere Team" und situationsgerechte Kommunikation, 2013

Sher, Barbara, Lebe das Leben, von dem du träumst, 2007

Sher, Barbara, Wishcraft – Lebensträume und Berufsträume entdecken und verwirklichen, 2010

Stavemann, Harlich H., Im Gefühlsdschungel. Emotionale Krisen verstehen und bewältigen, 2001

KONZEPT DER NEW LIFE TOOLS

Die Entwicklung der New Life Tools basiert auf meinen langjährigen Tätigkeiten in der empirischen Sozialforschung und Projekt evaluierung, sowie in Coaching und Beratung von Jobsuchenden und Unternehmensgründern.

Für die Auswahl der Fragen und Methoden ist eine sorgfältige Evaluierung und das Kriterium der Wirksamkeit entscheidend. Nur diejenigen Instrumente, die in der praktischen Anwendung zu bemerkenswerten Ergebnissen führen, werden in den Tools eingesetzt.

Die New Life Tools basieren auf folgenden Leitgedanken:

<u>100 % Guru-frei</u>

Kein Weisheitslehrer ist notwendig, um Sie bei Ihrer Neuorientierung zu begleiten. New Life Tools sind frei von religiösen Lehrmeinungen oder sonstigen ideologisch geprägten Weltanschauungen. Ihre Intuition und Ihr eigener Verstand werden Sie bei der Selbstentdeckung führen.

<u>Einfache praktische Anwendung</u>

Das Tool ist rasch und leicht anwendbar. Was so einfach klingt, enthält jedoch viel komprimiertes Wissen und Know-how. Im Endeffekt sparen Sie Zeit und Geld, weil Sie nicht meterweise Bücher zu lesen brauchen.

<u>Ihre persönlichen Erfahrungen sind die Ausgangsbasis</u>

Es werden hier keine Lehren vermittelt oder sonstige Wahrheitsversprechungen gemacht. Zuallererst zählen Ihre persönlichen Erfahrungen. Darauf aufbauend, können Sie mit den New Life Tools weitere Einsichten gewinnen.

Aufmerksamkeit als wichtiges Instrument

Das, was Sie wirklich ausmacht, zeigt sich, jenseits von Allgemeinplätzen und vorgefertigten Antworten, in Ihrem individuellen Erleben. Aufmerksamkeit und genaues Beobachten ist der Schlüssel zur Selbsterkenntnis.

Intuitives Wissen

Ganzheitlichem Denken gehört die Zukunft. Damit ist eine umfassende Art des Erkennens gemeint, in der Intuition – neben kognitiver Intelligenz – eine wichtige Rolle spielt. Intuitives Wissen führt in manchen Fragen weiter als rationales Denken.

Die Autorin

Dr. Dorothea Kress

Soziologin, Dozentin, Coach, Mentorin, Expertin für qualitative Methoden der empirischen Sozialforschung.

Tätigkeiten in der wissenschaftlichen Forschung, Projekt-Evaluierung, Karriereberatung und Gründungsförderung. Coaching von Unternehmensgründern, Menschen auf dem Weg in die Selbständigkeit und bei beruflicher Neuorientierung.

Als Soziologin habe ich gesellschaftliche Veränderungsprozesse im Blick. Mein spezielles Interesse gilt der Entwicklung von Soft Skills und erweiterten Kompetenzen. In meiner Ausbildung habe ich gelernt, die richtigen Fragen zu stellen, um verborgenen Denk- und Verhaltensmustern auf die Spur zu kommen.

Mit den New Life Tools möchte ich den Lesern einfache Instrumente in die Hand geben, damit sie ihr Leben leichter, freier und selbstbestimmt gestalten können.

Kontakt zur Autorin

Über Ihr Feedback und Anregungen freue ich mich.

Email: info@newlifetools.de

Module der New Life Tools

„Entdecke, was du kannst und willst! Praxisbuch Sinnsuche mit der 7-7-7 Methode: 7 Tage – 7 Fragen – 7 Minuten"

Informationen finden Sie im Internet unter:

www.newlifetools.de